AF498258

COUTUMES, CROYANCES, MŒURS ET USAGES

en Chine, dans l'Annam et en Corée

Conférence faite à l'Ecole coloniale, le 18 décembre 1907, par M. Crémazy, premier président de Cour honoraire.

En prenant la parole devant vous, je manquerais à un devoir de convenance si ma première pensée n'était pas de remercier MM. les Président et Membres du Conseil d'administration de l'Ecole coloniale d'avoir bien voulu accueillir ma proposition de faire cette conférence. Dans une matière aussi vaste, et désireux de ne pas fatiguer votre indulgente attention, je m'appliquerai à être le plus bref possible ; pour atteindre ce but, j'éviterai de vous entretenir du droit coutumier de l'Extrême-Orient, si différent, dans ses principes fondamentaux et dans ses applications sociales, du droit privé de l'Occident. Un pareil travail m'entraînerait beaucoup trop loin, et excèderait les limites du programme que je me suis tracé.

Sans autre préambule, j'aborde mon sujet, en faisant observer qu'en Chine et dans l'Annam, les mœurs et les coutumes, les croyances et les traditions offrent entre elles une ressemblance frappante, qui s'explique suffisamment par la communauté d'origine de l'un et l'autre pays.

I. Le tết

On appelle ainsi le premier jour de l'an annamite, qui se célèbre avec le même rite et à la même date variable que le *yuan tan*, ou premier jour de l'an chinois, sur lequel il est copié, à la nouvelle lune de février (1). La veille du *tết*, les Annamites plantent devant leur demeure un bambou, auquel est adapté un petit carré tressé également en bambou, ce qui signifie que dans cette demeure sont interdites toute discussion irritante, toute récla-

---

(1) C'est au cours de cette lunaison que le soleil entre dans le signe des Poissons. En 1907, le nouvel an chinois a commencé le 12 février. En 1908, il commencera le 2 février.

amusement, déguisés en dragons, en lions, en tigres, vont quêter à domicile et souhaiter la bonne année dans cet accoutrement, avec accompagnement de *tam-tam*, de cymbales en cuivre, d'instruments de musique discordants.

Autre détail à noter : c'est le tir d'une quantité incalculable de pétards et de pièces d'artifice, dans la pensée que ces détonations réitérées éloigneront de chaque demeure les mauvais génies. Aussi est-il prudent qu'un règlement de police intervienne, à l'approche du *têt*, pour déterminer les jours et heures pendant lesquels le jet des pétards est autorisé sur la voie publique, pour assurer la sécurité des passants et la libre circulation des voitures. Les jeux de hasard sont tolérés, uniquement dans la vie intime des Asiatiques, durant trois jours.

Jours de liesse, de repos et de divertissement, où la vie sociale, commerciale, agricole et industrielle d'un pays est, à vrai dire, interrompue. Chinois et Annamites prennent à qui mieux mieux un air de recueillement nécessité par la circonstance. Les marchés sont vides et de débitants et d'acheteurs ; l'entrée des maisons particulières est rigoureusement interdite aux étrangers, dont la présence y serait considérée comme de mauvais augure ; les travaux de construction sont suspendus, les transactions arrêtées ; les boutiques des marchands et les ateliers se ferment, et, au coucher du soleil, on dispose sur les devantures, le long de la rue, des files de lanternes, qui produisent le plus bel effet.

Voilà un spectacle digne de rivaliser avec celui qu'offrent les musulmans de l'Inde, à Pondichéry, dans leur splendide fête de nuit des *Yamseys*, ou avec la procession des Hindous brahmanistes de Saïgon, éclairée *à giorno* à l'aide de flambeaux et de feux multicolores de Bengale, groupée autour du char du dieu Vichnou qu'elle escorte, et que traîne toute une secte d'adorateurs !

Toutes ces cérémonies et coutumes destinées à célébrer le nouvel an chinois se retrouvent, pour la plupart, au Japon : les cadeaux de canards, d'oranges, d'emblèmes de longévité y sont traditionnels ; au seuil des portes, même les plus pauvres, on plante deux branches de pin, quelquefois associées au bambou ; les discussions sont interdites ; on ne doit même pas réprimander les serviteurs, ce qui porterait malheur, non seulement à eux, mais encore à leurs maîtres.

II. La Fête des Morts

Où la cérémonie propre à apaiser les âmes errantes *âm*, obscur, *nhon*, homme, se célèbre le 14e jour de la 7e lune. Cette pratique religieuse est tout à fait distincte du *têt*, qui a pour but, ainsi que nous l'avons montré, d'honorer les ancêtres décédés et qui n'a lieu qu'au premier jour de l'an, dans l'intérieur des maisons, sur l'autel domestique, en face du feu sacré et des tablettes commémoratives des ancêtres.

D'après la croyance universelle, tant en Chine que dans l'Annam, les mânes des individus privés de sépulture, ou dont les tombeaux ne sont pas entretenus, tourmenteraient les vivants, en les inquiétant par des apparitions funestes et en leur reprochant leur ingratitude, s'ils ne trouvaient pas, là où ils ont habité et le jour où ils peuvent quitter les enfers, de quoi se vêtir, pourvoir à leurs dépenses, calmer leur faim, étancher leur soif.

De là l'origine du rite symbolique qui consiste, pour chaque chef de famille, après les prosternations d'usage, à offrir des sacrifices aux âmes abandonnées, en leur distribuant, sur le seuil de sa porte, du riz cuit, du sel, des fruits, des sapèques ; en faisant à leur intention exclusive des libations de thé et d'alcool de riz ; en allumant des bougies de cire et des baguettes odoriférantes ; en brûlant des monceaux de papier de cérémonie sur lequel sont des empreintes de monnaies, de vêtements et de toutes sortes d'ustensiles de ménage destinés à leurs besoins. Tout se passe en pleine rue, à la clarté de la lune, au milieu de véritables feux de joie. De malfaisantes qu'elles étaient, les âmes, ainsi traitées, deviennent tutélaires, répandent des bénédictions ici-bas, écartent du foyer de chacun les malheurs et les soucis, favorisent le négoce du marchand, assurent une bonne récolte au cultivateur.

Dans certaines localités, on fabrique un bateau en carton sur lequel sont accumulés des victuailles, des gâteaux, des vêtements en papier, avec force baguettes d'encens et chandelles allumées, qu'on laisse flotter au fil de l'eau, et que le fleuve entraîne on ne sait où. La formule d'invocation d'adieu (1) aux âmes est assez pittoresque et imagée, au lancement de cette barque d'un nouveau genre, construite aussi en tiges de bananier, et chargée de pieuses offrandes :

« Allez aux pays, aux champs que vous habitez ! Allez aux montagnes,
« sous les pierres qui vous servent de résidence ! Allez ! Retournez !
« Au mois, à la saison, au temps, à l'époque ultérieure, vos fils et
« vos petits-fils penseront à vous ! Vous reviendrez alors ! »

III. LA BARQUE REFUGE DES AMES

Une famille a-t-elle éprouvé le malheur d'avoir un de ses parents disparu dans le fleuve ? Un mois après le fatal accident, s'organise une cérémonie que l'on répétera tous les ans, à la même époque. On dispose dans une barque un autel, sur lequel on fait des offrandes rituelles de gâteaux à forme ronde, colorés en rouge, et des fruits de la saison. La barque est montée par des sorciers (thai phap), dont le ministère est d'exorciser les démons (ma koui), qui hantent le corps des possédés, ou, d'après la superstition, infestent certaines habitations. La barque est

---

(1) Empruntée à M. Aymonier et extraite de son intéressante notice sur les *Coutumes et Croyances des Cambodgiens*.

désignée sous le nom de *ghé vot hon* : « La barque qui repêche
les âmes. » Ceux qui la montent sont appelés *nguoi lam viec vot
hon* : « Gens occupés à recueillir les âmes. »

Une fois décorée avec tout le soin possible, ornée de lampions
en papier multicolore, de plantes et de fleurs pour attirer les
âmes éperdues, la barque suit la direction de la marée : c'est
alors que commence la cérémonie de nuit, au son du *tam-tam*,
au bruit des *gongs*, sans oublier celui de la musique, ni les invocations d'usage. Quand on a ainsi fait un assez long parcours
sur le fleuve, on rétrograde ; les rameurs se mettent à leur poste,
et la barque remonte le courant pour arriver à son point de départ, sans interruption du cérémonial prescrit.

IV. La Fête du Dragon a Cholen

Les Chinois ont à Cholen plusieurs pagodes où ils adorent les
génies *Bà* et *Ong* : le premier, en l'honneur d'une déesse douée
de qualités transcendantes, et possédant une grande influence
sur les autres génies : le second, à la mémoire du héros *Quan
cong*, brave et chevaleresque entre tous. A ces esprits bienfai-
sants s'en joignent d'autres qui leur font cortège. Telle est la
vénération dont les entourent les Chinois, qui attendent d'eux
des faveurs, la richesse et la santé, qu'ils célèbrent à leur intention la fête annuelle dite *Dung co* : « Offrir tableaux vivants. »
Ces tableaux sont représentés par de tout jeunes enfants, gar-
çons et filles, richement habillés et placés sur un char, confor-
mément aux rites. Les chars sont conduits à travers les rues de
la ville de Cholen, dans la persuasion où l'on est que cette pro-
menade en plein jour chassera les mauvais génies et éloignera
les maladies.

Les Chinois disent à cette occasion : *T'ien heou sioun yeou* :
« Reine du Ciel police aller, » ou encore : *T'ien ti tchou chen
kiou sie tchou kouai* : « Ciel terre divers génies chasser démons,
chasser maladies. » Pour donner plus de solennité à la fête, on
y promène les quatre animaux sacrés : le dragon (*long*) ; la li-
corne (*lan*) ; la tortue (*qui*) ; le phénix (*phung*), qui symbolisent
les reptiles, les quadrupèdes, les poissons et les oiseaux. La fête
bouddhique ne serait pas complète, s'il n'y avait accompagnement de tir de pétards.

V. Une Procession Chinoise

N'est pas seulement la manifestation extérieure du culte et
l'expression publique des croyances : c'est aussi un prétexte à
étalage des richesses de la congrégation. Cette cérémonie a lieu
à l'inauguration d'une pagode : on promène alors dans la ville

les objets destinés à être offerts à cette pagode. Je me rappelle avoir assisté à une procession faite à Saigon, en 1891, à l'occasion de l'anniversaire de la naissance de la déesse BA, appelée par les Chinois *T'ien heou cheng mou* : « Sainte Mère reine du Ciel. » Originaire de My-Chau, issue d'une famille des Lang du Phuoc-Kien, cette femme se fit remarquer par ses vertus. S'étant vouée à la vie du monastère, elle en fut l'ornement et le modèle, et finit par être sanctifiée. On cite d'elle de nombreux miracles, qui lui ont valu l'immortalité et le culte respectueux des Chinois.

Si l'on se bornait à porter dans les processions ce qui est nécessaire au culte, elles perdraient leur charme ; aussi les Chinois y ajoutent-ils des tableaux vivants, dont les épisodes sont fournis par les pièces de théâtre et par la mythologie, tels que *ts'ing cho pai cho* : « Le serpent bleu et le serpent blanc » ; *san kouo* : « Les trois royaumes » ; *ta cheng kieou king* » : « Le voyage d'un saint qui allait chercher le livre sacré. »

Il y a des processions à chaque fête : la première est appelée *thinh tro* : « chercher la cendre », manière d'inviter les dieux des autres pagodes à assister à la fête ; on se rend processionnellement à toutes les pagodes pour y prendre les brûle-parfums. La fête terminée, on les reporte à leurs places avec la même solennité, ce qui veut dire qu'on ramène les invités à leurs pagodes : d'où le nom de la deuxième procession *tra tro* : « Rendre la cendre. »

VI. LA DIVISION DU TEMPS

Le jour (y compris la nuit) se divise en douze heures (1), dont voici les noms : *tü, suu, dan, meo, thinh, ty, ngo, mui, than, dau, tuat, hoi* (rat, buffle, tigre, chat, dragon, serpent, cheval, chèvre, singe, coq, chien, porc).

L'heure *tü* commence à minuit et finit à 2 heures du matin ; *suu*, de 2 h. à 4 h. ; *dan*, de 4 h. à 6 h. ; *meo*, de 6 h. à 8 h. ; *thinh*, de 8 h. à 10 h. ; *ty*, de 10 h. à midi ; *ngo*, de midi à 2 h. ; *mui*, de 2 h. à 4 h. du soir ; *than*, de 4 h. à 6 h. ; *dau*, de 6 h. à 8 h. ; *tuat*, de 8 h. à 10 h. ; *hoi*, de 10 h. à minuit.

La garde de nuit comprend cinq parties, appelées veilles. La 1re veille a lieu de 7 h. à 9 h. du soir ; la 2e, de 9 h. à 11 h. ; la 3e, de 11 h. du soir à 1 h. du matin ; la 4e, de 1 h. à 3 h. ; la 5e, de 3 h. à 5 h.

A la tombée du jour, on fait l'appel des personnes du tour de garde (*diem muc*) ; à la pointe du jour, on procède à la levée de la garde (*tang canh*).

---

(1) L'usage est le même en Corée. Une heure de l'horloge coréenne correspond à deux heures de l'horloge européenne, chaque groupe d'heures ayant sa durée prescrite et sa signification ainsi déterminée : rat — bœuf — tigre — lapin — dragon — serpent — cheval — mouton — singe — coq — chien — porc, comme en Cochinchine et en Chine.

VII. Les noms annamites

Ils se composent invariablement de trois parties. Exemple : Lê-van-Duyet, Nguyen-van-Da, Tran-cong-Giao. *Lê*, *Nguyen*, *Tran*, c'est le nom de famille ou nom patronymique, transmis de père en fils ; *van*, *cong*, c'est l'intercalaire ; *Duyet*, *Da*, *Giao*, c'est le prénom.

L'intercalaire *thi* est la caractéristique du sexe féminin :

Tran-thi-Lé, Tran-thi-Ngai, Tran-thi-Dong, Pham-thi-Quoi, Ha-thi-Huong, Vuong-thi-Loï sont des noms de femmes annamites. On omet quelquefois, par abréviation, le nom de famille, et on dit : thi-Nam, thi-Ba, thi-Vo, thi-Thong, thi-Maï, thi-Trinh, thi-Tinh, thi-Da, thi-Mau, thi-Kiem, thi-Lau, thi-Muc, thi-Dong, thi-Loï, thi-Huong.

L'intercalaire s'écrit toujours par une petite lettre ; le nom et le prénom prennent seuls la majuscule et sont reliés par un trait d'union : Tran-cong-Khoa, Tran-thi-Lé.

Pour le sexe masculin, l'intercalaire le plus usité est *van*. Mais il y en a une foule d'autres : *dinh*, *vinh*, *trinh*, *ba*, *duy*, *nhut*, *cong*, *quan*, *hun*, *duc*, *tri*, *minh*, *su*, *tich*, etc.

Il existe dans l'Indo-Chine un nombre considérable de familles. Une des plus répandues est celle des *Nguyen*. Puis viennent, pris au hasard, les *Tran*, les *Truong*, les *Huynh*, les *Do*, les *Dang*, les *Bui*, les *Pham*, les *Ha*, les *Kieu*, les *Luong*, les *Vuong*, les *Lé*, les *Bach*, etc.

Les Annamites changent souvent de prénom. Un enfant à qui l'on a donné à sa naissance les nom et prénom de Nguyen-van-*Ty* (serpent), reçoit de son professeur, vers l'âge de six ou sept ans, et continue à porter un autre prénom, Nguyen-van-*Ngo* (midi).

Ce qui se rencontre fréquemment, c'est de voir des parents superstitieux donner à leur progéniture des prénoms de bêtes ou de choses qui réveillent une idée repoussante, dans la persuasion où ils sont que, grâce à cette appellation, les mauvais génies se détourneront des nouveau-nés et les laisseront vivre. Exemple : *Cho* (chien) ; *Meo* (chat) ; *Chuot* (souris) ; *Heo* (porc) ; *Trau* (buffle) ; *Bo* (bœuf) ; *Cuc* (excrément) ; *Trung* (ver) ; *Qua* (corbeau) ; *Muc* (chien noir) ; *Ven* (chien noir et bleu foncé) ; *Co* (chien blanc), etc.

Les prénoms qui ont une signification favorable sont ceux de : *Ngoc* (perle) ; *Hoan* (roi) ; *Hoa* (fleur) ; *Hong* (rouge) ; *Cop* (tigre) ; *Rong* ou *Long* (dragon) ; *En* (hirondelle) ; *Cong* (paon) ; *Thien* (ciel) ; *May* (nuage) ; *Gio* ou *Phong* (vent) ; *Mua* ou *Vo* (pluie) ; *Son* ou *Nui* (montagne) ; *Vang* ou *Kiem* (or) ; *Thinh* ou *Tung* (voix) ; *Sanh* ou *Tho* (livre) ; *Chung* ou *Thuon* (cloche) ; *Co* ou *Trong* (tambour) ; *Chieu* (miroiter) ; *Quan* ou *Song* (éclairer) ; *Quang* (commander) ; *Truoc* (petit bambou) ; *Tong* (joli arbre où les oiseaux font leurs nids), etc.

Beaucoup de repris de justice, pour déguiser leur identité, se désignent sous d'autres noms et prénoms à chaque nouvelle arrestation.

Les Chinois suppriment souvent l'intercalaire dans leurs noms : Nam-Thai, Tran-Phu.

Bien des noms de boutiquiers ne sont pas les leurs : c'est celui de la raison sociale. Ainsi l'enseigne au nom de *Ky-Yun* indique le titre de la société de commerce ; le vrai nom du marchand est Huong-Tho.

L'usage, en Chine, est de changer de nom : 1° à l'entrée de l'enfant à l'école ; 2° au moment du mariage ; 3° à une époque avancée de la vieillesse. C'est un système d'état civil assez compliqué, il faut en convenir.

VIII. LE DIEU PROTECTEUR DU VILLAGE (ONG THAN)

Est un génie qui prend sous sa protection particulière les habitants d'un village ; aussi célèbrent-ils en son honneur deux grandes fêtes annuelles : l'une au premier mois, l'autre au douzième mois. Chaque village érige à sa divinité tutélaire une pagode, dans laquelle l'autel du génie protecteur occupe la place du milieu, deux autres autels étant consacrés, l'un au génie de l'agriculture (*nong than*) et le second au génie du commerce (*tai than*). La pagode contient aussi un autel (*tien hien*) destiné à perpétuer le souvenir des vieillards qui, de leur vivant, s'étaient fait remarquer par leurs capacités et leur droiture.

L'Annamite, si proche parent du Chinois, qu'il l'appelle *cac thion* (mon oncle), suit les mêmes coutumes, parce qu'ils ont tous deux les mêmes croyances religieuses. Dans l'Annam, un village vient-il à éprouver une série de calamités, il en infère que le sort lui est contraire, qu'il faut le conjurer, et, pour cela, changer la pagode de place et l'installer dans un site mieux approprié, au milieu d'un bouquet de grands arbres, d'où l'on suppose que l'action du génie protecteur se manifestera d'une manière plus efficace — ce qui ne s'obtient pas sans dépenses, auxquelles il est pourvu à l'aide de quêtes faites par les notables du village.

Si les cotisations sont abondantes, on abandonne l'ancienne pagode, et on en construit une nouvelle, qui servira d'abri au génie du village, sans oublier de bâtir à côté un compartiment réservé au théâtre, où auront lieu des divertissements pendant la durée des fêtes. Si le village est pauvre, il se contente d'une pagode en paillote ; mais, en ce cas, aucun habitant n'osera se permettre d'avoir une maison couverte en tuiles, par déférence pour le génie de l'endroit, dont la demeure doit être la plus belle du village.

Pour les fêtes, on a soin de choisir un jour heureux du mois ; on fait des sacrifices d'animaux de boucherie, dont la chair est d'abord offerte en effigie au génie, puis débitée aux habitants en proportion de ce dont ils font présent au dieu qui veille sur eux. La représentation théâtrale donnée par une troupe d'acteurs forains, dont la profession est d'aller ainsi de village en village, clôt les réjouissances publiques. La première de ces fêtes porte le nom de *cau an :* « demander la paix » ; la deuxième s'appelle *chap mieu :* « célébrer la pagode ».

Il n'est pas hors de propos de dire qu'au-devant de quelques maisons se trouve une niche (*ang thu thien*), reposant sur un piédestal et destinée à servir d'abri aux génies (*than*) qui voyagent à travers l'espace. On leur offre du thé le matin ; le soir, on allume en leur honneur des baguettes d'encens, on brûle du papier d'or et d'argent. Cette coutume n'est usitée que chez les Bouddhistes, ce qui ne les empêche pas d'aller à la pagode faire leurs dévotions et des *lay* à Bouddha.

IX. L'Assistance mutuelle en Chine et dans l'Annam

Rien n'est plus digne d'arrêter l'attention que l'esprit de solidarité (1), le sentiment de charité, le devoir d'assistance mutuelle si admirablement développé chez les Chinois : c'est à qui, chez eux, saisira l'occasion de venir en aide à son semblable, de lui apporter son tribut de condoléances dans les cérémonies funèbres, sa part de réjouissances dans les solennités joyeuses de la famille.

S'agit-il d'un mariage ? Parents et invités offrent au fiancé des « parallèles » (*toei tze*), longs panneaux en papier ou étoffe écarlate, sur lesquels sont tracés, en vers, des souhaits de bonheur pour les futurs époux ; on leur offre aussi des souliers rouges, quantité de pétards, et même de l'argent si la famille est pauvre. Ce mode de secours s'appelle *ho sin houen* (en annamite *di hô*) : « Féliciter le nouveau mariage. »

S'agit-il de funérailles ? Même offrande de « parallèles », où des vers, appropriés à la circonstance, sont écrits sur une étoffe blanche ou noire, signe de deuil ; en outre, don d'argent destiné aux cérémonies rituelles. Les plus proches parents arrivent à la maison mortuaire avec des présents en cire, du papier de cérémonie, des tableaux brodés, des porcs rôtis et même des bœufs vivants, qui sont censés devoir servir au mort dans sa vie d'outre-tombe. Cette variété de secours a reçu le nom de *tiao ngai* (en annamite *di dieu*) : « Visiter, regretter. »

S'agit-il d'une installation dans une nouvelle maison ? Des invitations s'envoient de tous côtés aux parents, aux amis, aux connaissances, qui viennent en présentant des tableaux rouges, rarement de l'argent, souhaiter longue vie et prospérité à l'amphitryon ; après quoi le festin commence. Ce cadeau spécial porte le nom de *ho sin kia* (en annamite *di an nha moï*) : « Jouir de nouvelle maison. »

Tel est un faible aperçu de la vie sociale des Chinois, qui, de-

---

(1) Voy. M. Maurice Courant, *En Chine*, Paris, 1901, p. 77.

puis quatre mille ans, mettent en pratique une fraternité réelle, suggérée par le cœur et proclamée dans leurs livres de morale. Ils la traduisent par cet adage : « Des quatre mers (coins du monde) tous sont frères » — *sseu hai kiai hiong ti.*

X. Les poissons chanteurs

Il y en a deux espèces en Cochinchine : le *ca ong* (poisson abeille) et le *ca heo* (poisson porc). En voici la description. Le premier vit dans l'eau à demi salée du voisinage de la mer ; il n'atteint pas dix centimètres ; il a des écailles grises. Le second vit dans l'eau douce ; il est d'une longueur de quinze centimètres environ et n'a point d'écailles ; sa peau est jaunâtre, et ses barbillons blancs, disposés comme des défenses, l'ont fait comparer au sanglier : d'où son nom peu poétique.

Les deux espèces ont le même mugissement que la grenouille-bœuf *anh uong* : c'est leur chant. Ce mugissement, court et répété à intervalles précis, emprunte au milieu liquide où il retentit une sonorité particulière, qui rappelle les notes graves de la harpe.

Ces poissons se nourrissent des mousses et végétations du bois immergé : c'est, sans doute, ce qui les attire autour des embarcations, qu'ils suivent sur un assez long trajet. Ces rencontres sont très intéressantes : sous un beau ciel, une douce brise enflant la voile, l'embarcation glissant sans bruit sur un grand fleuve paisible, tout cela donne un charme de plus à ce concert improvisé et amène infailliblement de gracieuses réminiscences.

Ces poissons doivent être communs à tous les grands cours d'eau des régions équatoriales. Un voyageur a fait la découverte de poissons chanteurs dans le fleuve des Amazones.

XI. Le tigre (Hum Cop)

A fourni matière à des légendes intarissables, accréditées par l'esprit craintif et superstitieux des habitants de la campagne. Mais ce qui n'est pas une pure fiction, c'est « le tigre pêcheur ». Les Annamites prétendent qu'il fouille des pattes et même de la queue la vase des berges, pour en retirer les crabes, des poissons et autre menue proie, dont il se nourrit occasionnellement, à défaut de meilleure chasse. Ils ont à ce sujet des histoires de pieuvres, où le sort du roi de la brousse n'est guère enviable.

Il ne faut pas non plus reléguer dans le domaine de la fable ce qu'ils racontent du tigre « qui traverse un cours d'eau en se couvrant d'un amas de paille ». Des Annamites, même des plus intelligents, assurent en avoir été les témoins. On reconnaît, disent-ils, que c'est un tigre qui voyage, à la direction que pren-

nent certains amas de débris végétaux, comme on en voit tant
flotter sur les fleuves aux rives tourmentées : quand ces amas
remontent ou traversent le courant, un tigre s'y dissimule. Dé-
cidément *Ong Cop* (Monsieur le Tigre) est fertile en inventions,
et possède toutes les ruses de guerre dans son combat pour
l'existence, où il n'a qu'un médiocre souci de celle de la race
humaine.

XII. Le culte des ancêtres en Chine (1)

Le culte national que Confucius (*Kong-tseu*), le patron des
lettrés, recommande à l'égard des ancêtres, est-il un véritable
culte ? Sans méconnaître ce qu'il y a de superstitions dans les
sacrifices, offrandes de mets, libations et festins, que la coutume
(*phep*) exige d'accomplir devant l'autel domestique où sont dé-
posées les tablettes ancestrales, on ne tarde pas à s'apercevoir
qu'il se dégage de ces prosternations (*lay*) et invocations un
symbole, la croyance à l'immortalité de l'âme, tout au moins à
une nouvelle existence après la mort, à l'intervention d'un génie
protecteur dans la conduite des affaires de chaque famille. Les
mânes des aïeux ont autant besoin, pour leur félicité d'outre-
tombe, de l'hommage de leur descendance que celle-ci a intérêt
à les invoquer ici-bas, pour qu'ils lui accordent en retour le
bonheur, la santé, la richesse.

Le père de famille, en suivant ces prescriptions, se soumet à
la coutume établie, parce que ses ancêtres l'ont observée avant
lui, parce qu'il est sûr de mériter, de son vivant, les louanges
et les bénédictions de l'ascendant dont il honore la vieillesse,
parce qu'il est sûr d'obtenir, après sa mort, à moins qu'il ne soit

---

(1) L'article 11 du décret du 25 juillet 1864 qui organise la justice dans les
possessions françaises en Cochinchine, dispose comme suit :

« La loi annamite régit toutes les conventions et toutes les contestations
« civiles et commerciales entre indigènes et Asiatiques. » C'est la charte des
Annamites, envers lesquels la France s'est engagée à respecter leurs coutumes, usages et croyances, et à leur appliquer leurs lois civiles, qui reposent, comme en Chine, sur une triple base : le régime patriarcal, la piété
filiale, le culte des ancêtres. — Voy. *La Piété filiale en Chine*, par M. Dabry
de Thiersant, Paris, Leroux, 1877 ; *La Puissance paternelle en Chine*, par
M. Scherzer, Paris, Leroux, 1878 ; *La Cité chinoise*, par M. Simon, Paris, Nouvelle Revue, 1885. — Voy. encore le remarquable ouvrage de l'éminent M. Fus-
tel de Coulanges, de l'Institut, *La Cité antique*, Paris, Hachette, 1876, 6ᵉ édition.
— Voy. surtout : *a) Le Code pénal de la Chine* (Ta-Tsing lu li, traduit du
chinois par Sir G. T. Staunton, et mis en français par M. Renouard de Sainte-
Croix, Paris imprim. Crapelet 1812, 2 vol. ; *b) Le Code annamite*, traduit du
chinois par M. Aubaret, Imprim. Impér., 1865, 2 vol. ; *c) Le Code annamite*,
traduit du chinois par M. Philastre, Paris, Leroux, 1876, 2 forts vol. gr. in-8° ;
d) Le Pays d'Annam, par M. Luro, Paris, Leroux, 1878.

Vétéran de la Cochinchine française, j'ai eu la bonne fortune d'y rencontrer
en 1868, M. Philastre, l'éminent sinologue, notre maître et notre guide à tous
en matière de droit chinois-annamite. Qu'il me soit permis, en lui payant un
juste tribut d'éloges, de rendre un public hommage à sa mémoire, ainsi qu'à
celle de M. le lieutenant de vaisseau Luro, mort à la peine, le vulgarisateur
si érudit du droit privé applicable aux Annamites.

indigne, pareille réciprocité de piété filiale. Voilà comment s'est formée une chaîne indestructible, forgée des fibres mêmes du cœur humain, qui rattache une génération à l'autre par le lien des croyances religieuses ! Voilà comment une nation, quand elle met en pratique l'esprit d'association et de solidarité, traverse les siècles et impose sa civilisation, ses coutumes et ses lois à l'invasion étrangère (1). Ces lois, reflet d'antiques traditions, reposent sur la famille, type et fondement de la société. N'y aurait-il donc pas juste motif de dire du culte des ancêtres qu'il est le « culte de la famille » ? Que ce culte annonce une religion, ou qu'on y voie plutôt des honneurs civils rendus aux parents morts, je l'ignore ; ce qu'il y a de certain, c'est qu'il exerce une profonde influence sur le droit public et sur le droit privé.

L'État n'est que l'image agrandie de la famille. L'autorité que le père exerce dans sa maison, le *village* (2) l'exerce sur son territoire, le monarque l'exerce dans son empire. Le père veille au bien-être des siens avec la même sollicitude, avec le même dévouement que « le Fils du Ciel » (*t'ien tseu*) se préoccupe du bonheur de son peuple. En montant sur le trône, le Souverain obéit, en effet, à un mandat du Ciel, pour lequel il doit professer le même respect que celui qu'il est en droit d'attendre de ses sujets. Ce n'est pas le seul de ses devoirs ; il en a un autre tout aussi sacré à remplir, l'amour paternel (3) (*fou ts'eu*). Le plus beau titre qu'il ambitionne au milieu des splendeurs du pouvoir, n'est-ce pas celui de « Père et Mère du peuple » (4) (*min che fou mou*) ?

Au faîte, à Pékin, l'Empereur, qui s'intitule « le Fils du Ciel », non par une sorte de jactance orientale, de despotisme ou de défi jeté à toute créature humaine, mais, au contraire, comme marque de sa soumission à la Divinité, dont il observe les commandements, et par respect de la religion des ancêtres, dont il pratique tous les rites. Au-dessous de l'Empereur, et relevant de son autorité immédiate, onze (5) grands ministères transmet-

---

(1) Cette invasion remonte à l'année 1644 ap. J.-C. Depuis cette époque, les Tartares Mandchous, entrés vainqueurs à Pékin, sont maîtres des destinées de la Chine. La dynastie actuelle (la 22ᵉ, dite des *Tsing* — en annamite *Thanh*) a renversé celle des *Ming*, et compte jusqu'à 1907, huit empereurs. On sait que l'usage en Chine est de ne pas publier l'histoire d'une dynastie régnante.

(2) Admirable mécanisme, qui est le pivot de l'organisation sociale du pays. Dans l'Annam, le *village* est pourvu d'une autonomie bien plus large que la commune en France. Il est administré par un groupe de *notables*, dont les premiers dans la hiérarchie sont le *huong than*, chargé des finances municipales, et le *huong hao*, de la police. Le maire n'est qu'un agent subalterne, élu pour un an par les notables. Ses fonctions consistent à obéir aux volontés du Conseil des notables, qu'il ne préside même pas, et d'exécuter les ordres de l'autorité supérieure. Il est détenteur du sceau du village. Il est responsable de tout, et corvéable à merci.

(3) Voy. *Ta-Hio*, Commentaire, chap. III § 3.

(4) Voy. *Ta-Hio*, Commentaire, chap. X § 3.

(5) En voici la liste qui vient d'être publiée par M. le Consul Général Vissière, professeur de langue chinoise à l'École des Langues Orientales vivantes : 1° le *Ministère des Affaires étrangères* ; 2° le *Ministère des Offices civils* (ou de l'Intérieur) ; 3° le *Ministère de l'Administration du peuple* (ancien Ministère de la Police) ; 4° le *Ministère des Finances* ; 5° le *Ministère*

tant leurs ordres à des délégués qui ont pour mission d'assurer le bon fonctionnement des services publics. Pas de suprématie sacerdotale ni guerrière, qui engendre des rivalités et suscite des froissements. Pas de division du peuple en castes — qui n'est que la hiérarchie du mépris — cette plaie toujours saignante, hélas ! au cœur de l'Inde ! Des sociétés coopératives, pécuniaires, de secours mutuels, des institutions de bienfaisance et de prévoyance, des maisons de prêts sur gages, d'innombrables associations commerciales couvrant la surface de l'empire. L'égalité partout. L'enseignement libre, partout honoré, partout encouragé, répandu à profusion jusque dans le moindre hameau.

A la base, LA FAMILLE, dont le père est, tout à la fois, chef, pontife et juge. Maître absolu de ses biens, il les administre à sa guise. Il peut faire un partage de son vivant entre ses enfants, de même qu'il a le droit de les déshériter par testament. S'il meurt intestat, la condition juridique de ses biens se transforme aussitôt : ils deviennent patrimoniaux et sont recueillis par les enfants, entre lesquels commence une indivision de fait, qui dure au moins vingt-sept mois (la période du deuil obligatoire) et qui peut se prolonger indéfiniment.

Pourquoi cette indivision entre successibles est-elle l'état normal de la famille au décès du père ? La raison en est simple. Placé à un point de vue diamétralement opposé à nos idées économiques et à notre régime successoral, le législateur chinois tend à immobiliser la fortune, à conserver le bien héréditaire dans les mêmes mains, à l'accroître plutôt qu'à le morceler, afin d'atteindre un double but : celui d'assurer l'entretien de la famille, et celui de subvenir aux frais de célébration du culte des ancêtres. Les mutations fréquentes de la propriété foncière sont vues avec défaveur par la loi. En disposant ainsi, elle reflète des mœurs et des croyances primitives, perpétuées jusqu'à nos jours ; elle prend pour point de départ cette idée fondamentale, que le bonheur d'un homme dans sa vie d'outre-tombe dépend moins de la conduite qu'il a tenue dans celle-ci, que de la conduite que tiendra à son égard sa descendance agnatique à son décès.

Ce qu'il faut à ce défunt, pour qu'il puisse goûter la félicité dans l'autre monde et qu'il contribue au repos des vivants dans celui-ci, c'est qu'une main pieuse entretienne le feu sacré dans sa demeure, allume les baguettes d'encens sur l'autel domestique, brûle à son intention le papier de cérémonie, prépare les aliments à tous les anniversaires joyeux ou funèbres, fasse les libations et les invocations rituelles, offre les sacrifices aux mânes des ancêtres, divinisés par la mort. Nul ne leur confère plus de bienfaits, nul n'est mieux propre à cet usage qu'un descendant mâle. Voilà l'origine du culte des ancêtres ! Voilà le but et

---

des Rites ; 6° le *Ministère des Etudes* (ou de l'Instruction publique) ; 7° le *Ministère de l'Armée de terre* ; 8° le *Ministère des Lois* (ou de la Justice) ; 9° le *Ministère de l'Agriculture, du Travail et du Commerce* ; 10° le *Ministère des Postes et Communications* ; 11° le *Ministère des Colonies.* C'est un décret impérial du 6 novembre 1906 qui, en refondant les six anciens ministères, a fixé à onze le nombre des départements ministériels.

la nécessité de la présence d'une postérité masculine ! Cet héritier, c'est le continuateur de la personne du décédé ; c'est lui qui transmettra par tradition orale les formules et les prières auxquelles il est initié ; c'est lui qui les confiera plus tard à son fils aîné, dépositaire, à son tour, des tablettes dressées en l'honneur de toute la lignée d'aïeux !

Le culte des ancêtres (1) existe aussi dans l'Inde, où le devoir des obsèques et la vocation à l'hérédité sont corrélatifs, incombant de préférence à la descendance masculine jusqu'au troisième degré ; où la croyance est qu'un Hindou doit laisser, à sa mort, un fils engendré légalement ou reçu en adoption, dont l'office pieux est d'arracher les mânes des ancêtres d'un lieu de châtiment et d'horreur, nommé *pout*, où ils subiraient les tourments de la faim et de la soif, s'ils étaient privés des offrandes d'aliments et des libations d'eau qui doivent être faites aux époques prescrites. « Par un fils, dit Manou (livre IX *sloca* 137), un « homme gagne les mondes célestes ; par le fils d'un fils, il « obtient l'immortalité ; par le fils de ce petit-fils, il s'élève au « séjour du soleil. »

La communauté de biens (2) — qui est la base de la constitution civile intérieure des familles dans l'Inde — consiste en une agrégation plus ou moins vaste, plus ou moins ancienne, d'individus du sexe masculin liés entre eux par la parenté agnatique, c'est-à-dire issus, par les mâles seulement, d'un auteur commun, n'ayant qu'un domicile, ne possédant qu'un patrimoine administré par un chef de leur choix dont les engagements les obligent tous, accomplissant en commun sous son autorité les cérémonies joyeuses ou funèbres de la famille, apportant chacun à la masse le fruit de leur labeur pour en faire bénéficier les autres co-intéressés, chargés d'entretenir les mères, veuves, aïeules, d'élever, de nourrir et de doter à frais communs les sœurs et les filles du groupe paternel. Les femmes et les étrangers en sont exclus.

Tel est, à grands traits, le mécanisme de cette institution domestique (*la communauté de biens*), — appelée *coparcenary* par les indianistes anglais, en tête desquels il faut citer l'érudit juriste Sir Thomas Strange, auteur d'un ouvrage resté classique, ayant pour titre : *Hindu Law* — qui offre plus d'un trait de ressemblance avec le γένος des anciennes cités grecques ou la *gens* romaine, dont le point de départ est la copropriété du père et de ses fils dans le patrimoine commun des ancêtres, dont le but est la conservation des biens entre les agnats d'une même famille, réunis autour du

---

(1) L'ordonnance du 6 janvier 1819, rendue à Pondichéry par le Gouverneur des Établissements français dans l'Inde, déclare (art. 3) que les « Indiens, « soit chrétiens, soit Maures ou gentils, seront jugés, comme par le passé, « suivant *les lois et coutumes de leurs castes.* »

(2) Les Musulmans de l'Inde ne sont pas régis par la loi hindoue, notamment en ce qui touche la communauté de biens.

même feu sacré pour les *srâddhas* (1) annuels et pour les sacrifices indispensables, tels que le devoir de mettre le feu au bûcher paternel et l'offrande du gâteau funèbre (*pinda*) (2), célébrant le même culte, portant le même nom, ayant tout en commun : *una domus, communia omnia* (3).

Les profits obtenus par chacun des membres de la communauté concourent à enrichir la caisse collective, pourvu qu'ils aient été réalisés avec l'emploi du fonds commun ; ils ne reçoivent pas cette destination et restent la propriété individuelle du communiste, quand celui-ci les a acquis à l'aide d'un talent particulier, sans l'assistance du fonds de ses cohéritiers (Voy. Manou, livre IX, *sloca* 208). On conçoit, dès lors, que, dans une organisation semblable, la mort d'un des consorts n'affecte en rien la marche ni les intérêts de l'association ; laisse-t-il des enfants ? est-il célibataire ? peu importe ; sa quote-part indivise n'est l'objet d'aucune dévolution : elle est absorbée par la communauté familiale.

XIII. Coutumes et croyances établies en Corée

Les tablettes des aïeux sur l'autel domestique. — D'après la coutume suivie en Corée, le chef de famille doit installer sur l'autel domestique les tablettes commémoratives remontant à quatre générations, c'est-à-dire à son trisaïeul ; à défaut d'une autorisation pour rendre le culte familial au « cinquième » ascendant, il est d'usage que la tablette de cet ancêtre soit inhumée selon les rites funéraires. Cette règle ne s'applique obligatoirement qu'aux fonctionnaires publics ; elle ne concerne point les particuliers, auxquels il est prescrit de n'avoir sur leur autel privé que les tablettes de *trois* ascendants : celles du père, du grand-père et du bisaïeul. La coutume est la même dans l'Inde : « Des libations d'eau doivent être faites pour *trois* ancêtres, savoir : le père, le grand-père paternel et le bisaïeul ; un gâteau « (*pinda*) doit leur être offert à tous trois. » (Voy. Manou, livre IX, *sloca* 186.)

La tablette du décédé est une petite planche plate, peinte en blanc, dans laquelle s'incarne l'âme du défunt, et sur laquelle on inscrit son nom en caractères chinois. Au retour des funérailles, la tablette est portée à la maison mortuaire par deux *coulys* (4) dans une petite chaise fermée : cela s'appelle : « Ramener l'âme du défunt. » Pendant *les 27 mois* (5) que dure le deuil légal prescrit au décès du père, le fils est tenu de faire

---

(1) Repas fait par le maître de la maison avec du riz, du lait, des racines, des fruits, afin d'attirer sur lui la bienveillance des mânes.
(2) Voy. Manou, livre IX *slocas* 137, 138, 186, 187.
(3) Voy. Cicéron. *De officiis*, I, 17.
(4) Hommes de peine, portefaix.
(5) Comme en Chine.

chaque jour des sacrifices devant la tablette du défunt : pour
cela, il se prosterne face contre terre, il récite les prières d'usage,
il pousse les lamentations rituelles *aï-go* (1) ! plusieurs fois ré-
pétées par lui, par sa femme et ses enfants ; il offre ensuite aux
générations d'ancêtres décédés (tantôt trois, tantôt quatre, selon
le cas) divers mets préparés avec soin, du tabac à fumer, de
l'encens.

Les obsèques impériales. — Le 2 janvier 1904 décédait à Séoul
l'Impératrice douairière de Corée, Hong-Tai-Hou, dont les funérailles furent célébrées le 14 mars : cette date était subordonnée
au choix que les géoscopes et astrologues officiels devaient faire
d'une « montagne » convenable pour la sépulture, après examen
de la « veine du dragon » (*rai ryonk maik*), source de bonheur,
de prospérité et de richesses pour la famille. Une pompe extra-
ordinaire fut déployée à l'occasion des obsèques impériales. Au
palanquin funèbre, magnifiquement orné, que portaient sur
leurs épaules une centaine d'hommes de service à gages, étaient
censés attelés six chevaux gigantesques en carton (2 blancs,
2 rouges, 2 gris), traînés par une foule de domestiques du Palais ; en avant du cortège marchaient six mendiants (*pang syang
syou*), le visage couvert de masques horribles, dont l'aspect hi-
deux devait effrayer les Esprits malins qui eussent été tentés
de s'approcher du cercueil de l'auguste défunte.

L'observance du deuil légal. — La cessation de toute fonction
publique est rituellement prescrite pendant la durée du deuil
d'un père ou d'une mère (27 mois) ; mais, à titre exceptionnel,
et en considération des services distingués à lui rendus par un
fils en deuil de son père, l'Empereur se réserve, quand il le juge
à propos, de relever le fonctionnaire de cette incapacité légale,
en le nommant à nouveau à l'emploi qu'il occupait au décès du
père.

Le deuil national est porté durant une année entière. 1° Tous
les fonctionnaires civils et militaires, les gouverneurs de provinces, les magistrats, les diplomates en service ou non, ont le
vêtement, le chapeau et la ceinture de chanvre écru, les souliers blancs. 2° Le peuple porte les habits, le chapeau, la ceinture et les souliers blancs. 3° Pendant la première période du
deuil, et dans les réceptions officielles, l'Empereur porte un
grand manteau à longues manches en chanvre écru ; le chapeau
et la ceinture de S. M. sont recouverts d'une pièce de la même
étoffe ; ses souliers sont blancs. 4° Les femmes des fonctionnaires civils, des gouverneurs de provinces, des magistrats, des
diplomates en service ou non, portent le grand manteau en
chanvre blanc, la longue robe et la ceinture de même étoffe ;
elles se couvrent la tête de chanvre pendant la période du grand
deuil.

---

(1) Mot qui signifie : hélas !

Les sacrifices. — Il y en a de trois sortes : les grands sacrifices (*tai sya*) ; les moyens sacrifices (*tjyoung sya*) ; les petits sacrifices (*syo sya*). Le sacrifice offert aux Esprits du Ciel s'appelle *sya* ; le sacrifice offert aux Esprits de la Terre s'appelle *tjyei ;* le sacrifice offert aux Mânes s'appelle *hyang.* Le nom du sacrifice offert dans le culte de Confucius est *hyang.* Le sacrifice consiste dans une offrande d'encens (*hyang*), d'étoffes (*hpyei*), de vin (*tjyou*), de divers mets et dans la lecture d'une prière (1).

Les bonzes. — Défense leur était faite, autrefois, d'entrer dans la ville de Séoul. La fameuse bonzerie de *Sok Ouang Sa* (ou Monastère du rêve de Tai-Tso) est située à 400 *li* (2) de la capitale.

Le nom de Sa Majesté ne peut être prononcé de vive voix par un fonctionnaire, ni écrit dans un rapport officiel, ni adopté dans la construction du nom d'un particulier. Le nom de l'ex-Empereur de Corée était *YI-Hyeng ;* celui de son fils, l'Empereur actuel, est *YI-SYEK.* (YI signifie « Prunier », dont la fleur est l'emblème national (3). Le même usage se retrouve dans l'Annam, où le nom personnel du Souverain ne se prononce jamais.

C'est pour y suppléer que les Empereurs, en montant sur le trône, adoptaient une appellation différente des ères de leur règne, comme celles-ci : Gia-Long, Minh-Mang, Tu-Duc (4) (*Minh-Mang* signifie « miroir éclatant »).

Les noms coréens. — Outre les noms de famille, qui sont en très petit nombre (145 ou 150 au plus), il y a les noms propres de chaque individu. On en compte habituellement trois : 1° le nom d'enfant, d'ordinaire un des mots de la langue usuelle, qui est imposé quelque temps après la naissance ; 2° le nom propre vulgaire, qui se donne au moment du mariage ; 3° le nom propre légal, composé de deux caractères chinois, qui est employé dans les actes de la vie civile à l'égard des grands dignitaires et des hommes haut placés.

Le sceau impérial confère l'autorité suprême à celui qui le détient (5). L'histoire rapporte qu'au décès de Tchyel-Tjyong, qui mourut en 1864 sans laisser de postérité, la reine douairière Tjyo, ayant réussi à s'emparer du sceau royal, nomma, comme fils adoptif d'Ik-Tjyong (roi de Corée, ayant régné de 1800 à 1834) — dont elle était la veuve — le jeune prince de sang royal Miong-Pok-I, et l'éleva au trône en instituant « Régent » son père Heung-Song-Koun (*Tai-Ouen-Koun*), si tristement célèbre dans les annales de la Corée. Cette adoption eut lieu le 21 janvier 1864 : Miong-Pok-I était âgé de douze ans à cette époque ;

---

(1) Voy. M. Maurice Courant, *Sommaire et historique des cultes coréens,* p. p. 1, 2 et 3.
(2) Le *li* est une mesure itinéraire d'à peu près 500 mètres.
(3) L'emblème national du Japon est le chrysanthème.
(4) Voy. M. Philastre, le *Code annamite,* t. I. p. 330, sous l'article 62.
(5) Voy. le P. Dallet, *Histoire de l'Eglise de Corée,* t. II, p. p. 498 et 499.

il a été Souverain de la Corée, sous le nom de *YI-HYENG* jusqu'à son abdication, à la date du 20 juillet 1907. Rappelons, en passant, que la femme de l'ex-Empereur, issue de la famille coréenne *Min*, eut une fin tragique dans la nuit du 8 octobre 1895, à l'ancien palais de Séoul.

L'esclavage existe en Corée. Les hommes ne sont réduits en servitude qu'à titre exceptionnel : indolents par nature, ils rendraient peu de services à leurs maîtres, qui se verraient exposés à perdre la somme d'argent placée sur la tête d'un esclave, s'il venait à prendre la fuite. Aussi n'y a-t-il de rares esclaves mâles que dans quelques résidences princières ; chez les particuliers, les femmes seules sont assujetties à la pénible condition de l'esclavage, leur vie durant.

Lorsque la famine désole une province, il s'opère un vaste trafic de femmes et de filles, vendues comme esclaves par leurs maris ou parents, pour une poignée de riz ou pour quelques sapèques (6 à 8 francs, souvent moins), à des marchands avides, spéculant sur la misère publique, qui réalisent de gros bénéfices en revendant chaque personne ainsi livrée 200 ou 300 francs, à la capitale et dans les grands centres.

Quoique cette aliénation ait été consentie par des parents sous l'empire du besoin, elle n'en est pas moins valable. La cession originaire est légalement établie par un acte, signé du vendeur, en présence de témoins. Si la mère est illettrée, elle appose sur une feuille de papier sa main droite, dont les contours sont dessinés à l'aide d'un pinceau : c'est ce qu'on appelle le *tchiang ky*. Ce mode primitif de signature doit être comparé au *diem-chi* des Annamites (marque de l'ongle et des phalanges de l'index de la main droite), usage très répandu en Cochinchine pour constater les transactions parmi les personnes illettrées.

La proclamation de l'Empire en Corée est du 12 octobre 1897. A partir de cette date, devenue historique, l'ère *Koang-Mou* (1) a commencé pour la Corée : chaque année à venir devait porter ce titre, avec le millésime 1 pour la première année (1897), et ainsi de suite : 1907 eût été la XIe année *Koang-Mou*, si l'Empereur YI-HYENG avait continué à régner. Depuis le couronnement de l'Empereur, la Corée, qui s'appelait autrefois *Tjyo-Sen* « le Pays du Matin calme », a changé officiellement de nom pour prendre celui de *Tai-Han* « la Grande Corée ».

La promulgation du Code pénal de la Corée a eu lieu suivant un décret du 29 mai 1905, dans lequel S. M. exprime « le ferme « espoir que ce Code sera appliqué jusqu'à la fin du monde ». De récents événements politiques accomplis à Séoul sont de nature à contredire cette affirmation hyperbolique. Quoi qu'il en soit, le Code coréen (2) pourra toujours être consulté avec fruit

---

(1) L'ère *Koang-Mou* a été précédé de l'ère *Keum-Tyang*.

(2) Voy. notre traduction du *Code pénal de la Corée*, Séoul, Hodge and Co. printers, VIIe année *Koang-Mou* (1904).

et à titre purement documentaire, car, comme le Code chinois
(ou *Ta-Tsing Lu Li*) (1), dont il est le résumé, il renferme tout à
la fois des dispositions de droit criminel et de droit privé, des
règles d'étiquette et des préceptes d'observance des rites. Le
Code coréen, tel qu'il est, pourra — du moins dans une certaine
mesure — jeter quelque lumière sur le Code chinois, qui a servi
de modèle au Code annamite, promulgué en 1812 sous le règne
de Gia-Long.

La dynastie impériale de Corée, dont le nom officiel est YI, a
été fondée en 1392 ap. J.-C. par Tai-Tso, le protégé de la dynastie des Ming qui venait de supplanter celle des Mongols en
Chine. Une fois affermi sur le trône, Tai-Tso quitta la ville de
Song-Do, où avaient résidé ses prédécesseurs et établit sa capitale à Séoul. Il partagea la Corée en huit (2) provinces, et cons-
truisit le mur d'enceinte de Séoul, qui a un développement d'environ 28 kilomètres.

Porte commémorative. — On en voit huit de ce genre, peintes
en rouge, érigées au-devant d'une maison particulière située à
peu de distance de la Porte du Sud, en dehors du mur d'enceinte
de Séoul. Le Gouvernement élève ces portes commémoratives
pour rappeler les mérites de fidèles sujets, de grands patriotes,
de fils renommés pour leur piété filiale ou de femmes renom-
mées pour leur vertu. Une coutume semblable existe en Chine :
l'Empereur fait quelquefois élever, à titre de récompense excep-
tionnelle, un arc de triomphe à l'entrée de la maison d'une
veuve vertueuse, qui résiste aux obsessions dont elle est l'objet
de la part de son entourage, désireux de la voir se remarier (en
chinois : « ajouter une nouvelle corde à son arc — *mei hsin hsu
hsien.* » (3).

Le Htai-sil est un monument funéraire construit sur le lieu
où l'on enterre le placenta, le cordon ombilical et l'enveloppe
membraneuse du fœtus, après l'accouchement de l'Impératrice
ou d'une princesse de la famille impériale.

Le Hem est un laissez-passer délivré d'ordre de S. M., et qui
consiste en un morceau de parchemin rouge, attaché à une
flèche rouge garnie de pennes blanches, sur lequel est tracé un
caractère chinois signifiant : « sûreté ». Le tout est exhibé par
un planton aux factionnaires de service à la porte du Palais,
pour qu'ils permettent d'y entrer ou d'en sortir un fonctionnaire
que l'Empereur mande auprès de lui.

---

(1) Ces mots signifient : « Lois et Règlements de la grande dynastie des
Tsing. » Le Code chinois a été promulgué en 1647 ap. J.-C., par Schouen-Tche,
le premier empereur de la dynastie régnante des Tsing (dynastie des Mandchous). Il monta sur le trône en 1644, à la chute de la dynastie des Ming,
qu'il avait expulsée.

(2) Aujourd'hui, treize.

(3) Voy. P. von Mœllendorff, *Le droit de famille chinois*, p. 34, Paris,
Leroux, 1896 ; le P. Huc, *L'Empire chinois*, t. I. p. 27.

Le Pou est un ordre de S. M. transcrit sur un morceau de bambou, où sont tracés deux caractères chinois, que l'on divise en deux portions égales dans le sens de la longueur, ainsi que le bambou, et qui signifient : « Levez des soldats. » Lorsque S. M. envoie le morceau de bambou, conservé dans les archives du Palais, à un général commandant des troupes en province, celui-ci, le rapprochant du morceau dont il est détenteur, et constatant qu'ils s'ajustent identiquement, n'a plus qu'à exécuter l'ordre impérial.

Pétitionnaire battant du tam-tam. — Il arrive parfois que des pétitionnaires, voulant appeler l'attention sur eux et faire parvenir à l'autorité publique une plainte dont ils sont porteurs, profitent du jour où S. M. doit sortir du Palais en palanquin, pour battre du *tam-tam* au passage du cortège impérial. Une peine d'emprisonnement est édictée pour réprimer cet abus, ainsi que celui d'allumer des feux la nuit, sur la montagne, dans le même but.

Pendant l'incendie qui a détruit le Palais impérial et la salle du Trône dans la nuit du 14 avril 1904, on apercevait des individus, montés sur le toit d'une maison voisine, agitant un morceau d'étoffe blanche qu'ils tenaient à la main : ils croyaient ainsi circonscrire les ravages du feu et préserver les bâtiments menacés en essayant de chasser les mauvais génies, ou tout au moins d'apaiser leur colère. Le sinistre aurait été bien plus efficacement combattu au moyen de pompes à incendie ; mais on en eût vainement alors cherché une dans tout Séoul.

Le pavillon national coréen, dont le fond est blanc, contient : *a)* Un double disque, bleu et rouge, juxtaposé l'un à l'autre, représentant les principes primordiaux, appelés *Htai-Keuk ; b)* Quatre groupes noirs inventés par Fou-Hi, le premier Empereur qui a régné sur la Chine (année 2953 av. J.-C.). Ces trigrammes, placés obliquement au double disque, sont : *ken* (ciel) ; *kon* (terre) ; *kam* (eau) ; *ri* (feu). Ils ont été choisis parmi les « huit trigrammes » (1) (*hpal-koai,* ou en chinois *pa-koa*) du système de Fou-Hi, pour figurer dans le pavillon coréen. Ces trigrammes sont employés en Chine, comme caractères cabalistiques, dans la pratique des devins, magiciens et sorciers.

Les ordres de décorations en Corée ont été organisés par quatre récents décrets impériaux. — A. Le décret du 17 avril 1900 a institué : 1° *L'aune d'or* (keum-tchyek), réservée aux Souverains et Chefs d'Etat. Correspond à l'ordre japonais du « Chrysanthème ». 2° La *Fleur de Prunier* (vi-ryei), servant à récompenser les fonctionnaires civils ou militaires déjà titulaires de la 1re classe du « htai-keuk ». Une seule classe. Correspond à l'or-

---

(1) Fou-Hi, fondateur de la civilisation chinoise, trouva, dit la légende, ces lignes mystérieuses sur la carapace d'une tortue. Voy. le P. Huc, *L'Empire chinois,* t. I, p. 135.

dre japonais du « Paulownia ». 3° Le *Htai-keuk* (1) (ordre civil).
Comprend huit classes. Correspond au « Soleil Levant » du Japon. 4° Le *Faucon violet* (tai-eung). Ordre militaire. Huit classes.
Correspond au « Milan d'or » du Japon. — B. Le décret du
16 avril 1901 a institué le *Hpal-koai* (2), prenant rang après le
Htai-keuk. Correspond au « Trésor sacré » du Japon. — C. Le
décret du 12 août 1902 a institué l'*Etoile sacrée* (sye-seng), décerné aux membres des familles impériales ou royales, et aux
fonctionnaires civils et militaires déjà titulaires de la « Fleur de
Prunier ». Prend donc rang avant l'ordre du « Prunier ». — D.
Le décret du 30 mars 1904 a institué le *Phénix sacré* (sye-pong).
Cet ordre tout nouveau de distinction honorifique comprend six
classes.

Faisons observer qu'une médaille commémorative en argent,
frappée à l'occasion du 50° anniversaire de la naissance de
S. M., a été distribuée par l'Empereur, le 7 septembre 1901, aux
membres du corps diplomatique et consulaire, et aux fonctionnaires étrangers ou coréens présents à la solennité qui eut lieu
ce jour-là au Palais.

Un événement de la plus haute importance, au point de vue
ethnologique, est l'*Etablissement des Arabes en Corée* (3) vers
l'année 800 ap. J.-C. Ils la connaissaient sous le nom de *Silla*.
Khoradadbeh, voyageur arabe, décrit la Corée comme riche en
or ; il raconte que les musulmans ont fondé des comptoirs dans
ce pays, d'où ils exportent du *ginseng* (4), des cornes de cerf,
de l'aloès, du camphre, des clous, des selles, de la porcelaine.
En l'année 1100 de notre ère, des rapports commerciaux s'établissent entre la Corée et l'Arabie. Les marins coréens apprennent des Chinois à se servir de la boussole et la font connaître à
leur tour aux navigateurs musulmans : les Arabes l'introduisent
et la propagent en Europe.

La migration des Arabes en Chine est constatée dans un document authentique (5). Dès l'année 758 de l'ère chrétienne, ils
étaient établis à Canton. Profitant de la mousson du S.-O., qui
souffle de mars à octobre sur la côte Malabar, dans le golfe du
Bengale et les mers de Chine, ils naviguaient sur leurs *boutres* (6), sans perdre la terre de vue, et venaient trafiquer dans
les ports de l'Inde et de la Chine, où le commerce des épices et
de la soie avait pris un essor considérable. Les Arabes opéraient
leur retour aux ports de la Mer Rouge avec la mousson du N.-E.,
qui règne d'octobre à mars dans les mers de Chine et de l'Inde.
Pendant que les Arabes affluaient dans les ports du Céleste Em-

---

(1) Le *htai-keuk* est le double disque qui figure dans le pavillon national.
(2) Ou les « huit trigrammes » créés par l'Empereur Fou-Hi, en Chine.
(3) Voy. Dr Horace N. Allen, ancien ministre plénipotentiaire des Etats-Unis d'Amérique en Corée, *A chronological index of the chief events in Korea*, Séoul, 1901, p. 1.
(4) Racine tuberculeuse très recherchée des Chinois, à cause des propriétés reconstituantes qu'ils lui attribuent.
(5) *Relation des voyages faits par les Arabes et les Persans dans l'Inde et à la Chine au IX° siècle de l'ère chrétienne*, texte arabe traduit par Reinaud, de l'Institut, Paris, 1845.
(6) Bateaux calant très peu d'eau.

pire, les marchands chinois parcouraient avec leurs jonques les mers de l'Inde, et allaient commercer jusqu'en Arabie.

L'établissement de colonies de marchands arabes en Corée est un fait historique désormais indiscutable. Il n'y a donc pas de doute à avoir sur l'existence d'un lien de parenté qui rattache les Coréens aux Arabes, à en juger, d'ailleurs, par les détails caractéristiques suivants : bien des mots de la langue arabe se retrouvant dans la langue coréenne — les traits de ressemblance entre le type coréen, chez les hommes, et le type arabe — la façon de s'asseoir des musulmans, les jambes croisées, généralement répandue en Corée — le pantalon bouffant à la mauresque adopté par les Coréens — la femme coréenne de la classe bourgeoise se promenant en ville, le visage couvert d'un voile épais, comme la femme arabe — le Coréen, comme l'Arabe, quittant sa chaussure à la porte en entrant dans un appartement pour ne point salir les nattes et tapis du parquet — la maison coréenne, comme la maison arabe, construite sans fenêtre donnant sur la rue.

XIV. Le peuple chinois a travers les ages

Je me suis efforcé, il n'y a qu'un instant, de rechercher et d'indiquer les similitudes qui existent entre les coutumes de la Chine et celles de l'Annam. Puissé-je avoir réussi à montrer que l'Annamite, avec la souplesse d'esprit qui le caractérise, a su s'approprier les lois civiles, s'assimiler les croyances et l'écriture, conserver les mœurs, observer les cérémonies, respecter les rites, continuer les traditions et copier les usages de l'antique peuple chinois, son initiateur, son modèle, son guide, le tronc dont il est un rameau, la souche d'où il descend en droite ligne !

Quelle prodigieuse longévité que celle du peuple chinois, resté debout alors que tant d'empires se sont écroulés l'un après l'autre ! Il est contemporain des premiers âges du monde : son enfance est celle de l'humanité même. Que de civilisations parvenues à leur apogée et anéanties autour de lui ! Il a été le témoin impassible de la splendeur d'Athènes et de Rome dans l'antiquité ; il en a vu la décadence. Ses annales sont les plus anciennes qu'il y ait sur le globe.

Elles lui rappellent que deux siècles avant la naissance d'Abraham, en l'an 2697 qui précéda l'ère chrétienne, sous l'empereur Hoang-Ti qui fut son premier législateur, il avait inventé et perfectionné la plupart des sciences et des arts : l'astronomie, les armes, les arcs, les chars, les filets, les poids et mesures, les cloches. Depuis quatre mille ans il connaît les instruments aratoires, l'éducation des vers à soie, la fécondation artificielle des rivières ; depuis la même époque, il connaît la poudre à canon, les feux d'artifice, les puits artésiens, les ponts en fil de fer, les lunettes, le papier, l'éclairage au gaz, le système décimal. En l'année 1200 avant notre ère, il découvrait la boussole ; en l'année 220 avant J.-C., l'imprimerie tabulaire ; en l'année 450 après J.-C., la vaccination et le chloroforme (1).

Ce n'est pas tout. Trois siècles avant l'ère chrétienne et pour se préserver des invasions des Mongols, il a bâti la fameuse « Grande Muraille » (*Wan li tchiang tchieng*, la grande muraille des 10.000 *li*), qui n'a pas moins de 800 lieues de longueur et 10 pieds d'épaisseur. Grâce à de persévérants efforts et à la contribution de tous, il a creusé le « Canal Impérial », qui relie directement la ville de Tien-Tsin à celle de Sou-Tchéou, établissant, par suite de sa jonction habilement ménagée avec plusieurs grands fleuves, une communication intérieure de 984 lieues dans le Céleste-Empire (2) — travaux gigantesques qui, sans égaler les merveilles de l'ancienne et de la moderne Egypte (les Pyramides et le Canal maritime de Suez), peuvent hardiment soutenir la comparaison avec les œuvres colossales de la terre des Pharaons.

On n'arrive pas au même degré de précision lorsqu'on veut rechercher l'origine des Chinois. L'examen comparé de leurs mœurs et coutumes nationales ne pourrait-il pas fournir quelque élément de solution ? Or, en rapprochant de leurs usages actuels ceux qui se trouvent décrits dans la Bible, on est frappé des nombreux points d'affinité qui s'observent entre eux. En voici plusieurs exemples :

a) Le régime patriarcal, clef de voûte de l'édifice social et du droit privé en Chine, paraît calqué sur les mœurs et coutumes primitives mentionnées dans les récits bibliques.

b) La séparation d'Abraham et de son neveu Loth (*Genèse*, chap. XIII, versets 8 et 9) offre une grande analogie avec le partage familial des biens ancestraux, au décès des père et mère, à l'expiration de la période de deuil (art. 87 du Code chinois).

c) Jacob, chez Laban, qu'il a servi sept ans, consent à le servir sept années de plus pour avoir Rachel, après avoir eu Lia (*Genèse*, XXIX). N'est-ce pas, trait pour trait, l'usage suivi dans l'Annam, où le fiancé est obligé de se mettre au service du futur beau-père pendant deux ou trois ans, avant d'obtenir la jeune fille qui lui a été promise en mariage ? Cela s'appelle *lam-ré* ou *nhap nhoui :* « faire un gendre » ou en chinois *jou tchouci*.

d) Jacob mourant fait promettre sous serment à Joseph de l'ensevelir dans le sépulcre qu'il s'était préparé au pays de Chanaan (*Genèse*, L, 5 et 13). Les Israélites prennent les ossements de Joseph, qu'ils avaient emportés d'Egypte, et les ensevelissent dans le tombeau de Jacob (*Josué*, XXIV, 32). D'après d'antiques traditions, le tombeau est réellement la maison des morts ; la famille s'y reconstitue. N'être pas enseveli dans le tombeau de ses pères est le plus grand des malheurs, le plus grand des déshonneurs. On sait que la volonté dernière du Chinois, expirant à l'étranger, est que ses restes mortels traversent les mers

---

(1) Voy. le *Dictionnaire français-latin-chinois* du P. Paul Perny et son *Appendice au Dictionnaire*, Paris, Didot, Leroux, 1869, 1872.

(2) Voy. *La Chine*, par le P. Perny, et aussi *Le Canal Impérial*, par le P. Gandar, de la Mission catholique de Shanghaï (1894).

pour être inhumés au pays natal (*tsien kou hai*). C'est seulement en Chine qu'il trouvera le repos ; c'est là seulement qu'il est certain de recevoir les hommages, le culte et les offrandes qui lui sont dus par sa descendance.

e) L'épisode de Joseph vendu par ses frères à des Ismaélites. qui l'emmènent en Egypte (*Genèse*, XXXVII, 28), n'est pas sans ressemblance avec le contrat de servitude en Chine.

f) L'exposition de Moïse par sa mère sur le bord du fleuve (*Exode*, II, 3) ne rappelle-t-elle pas la pratique usitée en Chine — quand des parents sont éprouvés par l'adversité — de déposer le nouveau-né, gardé à vue, dans un lieu fréquenté, où quelque âme compatissante recueillera l'enfant pour l'élever, et le leur rendre ensuite ? Cela se dit *kouo fong tua* : « Changer la maison. »

g) L'écrit de divorce (*libellus repudii*) qu'un mari remet à sa femme en la renvoyant de chez lui (*Deutéronome*, XXIV, 1), est exactement l'acte de répudiation conjugale (*cheng li ts'eu*) mentionné dans l'article 116 du Code chinois.

h) L'ornement en soie, appelé *pou tsé*. que les mandarins chinois portent sur la poitrine et dans le dos, les jours de processions et de cérémonies publiques, n'est-ce pas le « rational » que le grand prêtre des Juifs portait sur la poitrine ? (*Exode*, XXVIII, 30 ; XXIX, 5.)

i) Ne peut-on pas voir dans les esprits ou génies protecteurs (*wong chen, ong-than* en annamite), divinisés par les Chinois, un vestige de la tradition des Anges, par lesquels Dieu gouverne l'univers ?

Cette similitude d'usages est-elle l'effet du hasard ? Quelques orientalistes ne le pensent pas. D'après un célèbre prédicateur (1), l'origine des Chinois remonterait à des temps fabuleux où les descendants de Noé, après la dispersion des peuples dans les plaines de Sennaar, auraient émigré vers l'Orient, dépassant les provinces de la Haute Asie, et atteignant la Chine et le Petchili. Le P. Louvet (2), des Missions étrangères, est plus affirmatif : le peuple chinois, et, par suite, le peuple annamite, qui n'est qu'un rameau détaché de la famille chinoise, descendent de Sem et sont frères des Hébreux.

Les Arabes connaissent la Chine sous le nom de pays des *Sin* ; les Persans, sous celui de pays des *Tchen*. Selon eux, *Sin* ou *Tchen* serait le fils aîné de Japhet : son père lui aurait donné la Chine en partage.

Jamais chaos ne fut comparable à celui qui environne le berceau du peuple chinois. Et comme pour obscurcir davantage cette page de l'histoire des migrations humaines, de savants indianistes et égyptologues, étonnés de la coïncidence qui existe, soit entre le culte des ancêtres en Chine et les honneurs rendus aux morts dans l'Inde, soit entre les hiéroglyphes des ruines de Thèbes et de Memphis et les caractères idéographiques chi-

---

(1) Le R. P. Didon, *Jésus-Christ*, 1891, t. I, p. 26.
(2) Voy. *La Cochinchine religieuse*, 1885 t. I. p. 58.

nois, n'ont-ils pas soutenu que l'Inde et l'Egypte étaient le point de départ de l'antique colonie qui a planté ses tentes en Chine ?

Voilà un nouvel élément du problème ethnologique qui se dresse en face de l'origine sémitique ou japhétique des Chinois, qui, eux, se prétendent autochtones !

En attendant que la science vérifie si les habitants des rives du Gange ou du Nil et ceux qui boivent les eaux du Fleuve Bleu (*Yang-tse-Kiang*), ont les mêmes ancêtres, la question est ouverte, dirai-je à mon tour, en la reprenant avec un publiciste japonais, M. Oshima Tane-Hito (1). Ce judicieux et sagace écrivain, n'attachant qu'une médiocre importance à la légende d'une migration de navigateurs malais, pour expliquer la formation de la race japonaise, se demande, preuves historiques à l'appui, s'il ne conviendrait pas plutôt de la rattacher au groupe des peuples Ouralo-Altaïques, qui « adoraient le grand Chamos — personnifié dans le soleil ou « le feu » — et qui serait tout simplement *Cham*, fils de Noé. Si cette version d'une origine chamique est plausible pour les Japonais, qui habitent un territoire insulaire, combien n'est-elle pas plus acceptable encore pour les Chinois, qui habitent le continent asiatique où sont situés les monts Oural et Altaï ? L'historien sacré de la *Genèse* (X, 17) ne relate-t-il pas que *Sineus* est un des fils de Chanaan ? Il est, dès lors, logique de concevoir que ce petit-fils de Cham ait été l'auteur commun des *Cent Familles* (2) primitives qui, dans la suite des âges, ont peuplé l'*Empire du Milieu* (3), la Chine.

Me voici arrivé au terme de cette étude, résultat de dix-huit ans d'observations puisées au cœur même de divers pays d'Extrême-Orient que j'ai habités. Je m'estimerais heureux d'avoir pu contribuer, quoique imparfaitement, à les mieux faire connaître. Certes, ils ne sont pas, comme le nôtre, dévorés de ce besoin insatiable de vitesse vertigineuse qui nous affole, et ils n'en sont pas plus à plaindre. Ils se cristallisent, dit-on, dans l'ornière du passé, dans une torpeur quatre fois millénaire. Qu'en sait-on ? Nous sommes trop enclins à critiquer leur civilisation, à la qualifier sévèrement, parce que nous ne la comprenons pas, parce qu'elle ne nous présente pas le spectacle complet, comme chez nous, des merveilles réalisées par la vapeur et par l'électricité, sans nous apercevoir qu'elle repose sur une base immuable, qui défie les siècles, que nulle force au monde ne saurait ébranler : la famille !

---

(1) Auteur d'un *Essai d'ethnographie japonaise*, qui a été inséré dans la *Revue française du Japon*, Tokio, 1892, p. 203, n° 7. — Cette *Revue* avait pour directeur, M. Boissonade, le jurisconsulte bien connu, professeur honoraire à la Faculté de Droit de Paris, ancien Conseiller légiste du Gouvernement japonais.

2. *Po-sing.*

3. *Tchong-Kouo.*